어서 너는 오너라

국립중앙도서관 출판시도서목록(CIP)

어서 너는 오너라 / 지은이: 박두진. -- 양평군 : 시인생각, 2013
p. ; cm. -- (한국대표명시선 100)

"박두진 연보" 수록
ISBN 978-89-98047-82-5 03810 : ₩6000

한국 현대시[韓國 現代詩]

811.62-KDC5
895.714-DDC21   CIP2013012937

한국대표
명시선
100

박 두 진

어서 너는 오너라

시인생각

■ 자서自序

　이제까지의 내 두 시집 『해』 『오도午禱』에서 추린 것이 이 시선집이다. 여기 수록한 45편의 시는 한권의 시선집의 분량으로서 알맞을 정도를 적당히 취사했을 뿐이요 특별한 애착이나 자부自負로 뒷날까지 이 시들을 오래 남기고 싶은 심정이나 의도로 한 것은 아니다.
　수록한 순서와 분류도 구태여 시집별과 제작연대순 같은 것을 고려하지 않았다.
　시선집 자체가 한권의 시집으로서 어느 정도의 조화를 얻을 수 있도록 시의 내용과 형식 등을 참작했기 때문이다.
　이 시선을 내는데 여러 가지로 특별한 후의와 노력을 기우려 주신 조동진 안성진 두 분 목사님께 깊이 감사한 뜻을 표한다.

1955년 5월 20일
저자 지 識

<『박두진 시선』(1956. 10. 1.)에서>

■ 차 례 ───────────── 어서 너는 오너라

자서自序

1

해   13
도봉道峯   14
별 —금강산 시 3   16
꽃   17
어서 너는 오너라   18
장미의 노래   20
향현香峴   23
묘지송墓地頌   24
청산도靑山道   25
서한체書翰體   26

한국대표명시선100 박두진

2

화비명花碑銘　29

설악부雪岳賦　30

묵시록默示錄　32

광장　33

기旗　34

비碑　36

꽃들의 행렬　37

갈보리의 노래 2　38

갈대　39

고독의 강　40

3
산맥을 간다　45
푸른 하늘 아래　46
꽃과 항구　48
불사조의 노래　50
우리들의 깃발을 내린 것이 아니다　54
천태산天台山 상대上臺　58
칠월의 편지　59
마법의 새　60
별밭에 누워　62

4

가시 면류관　65

자화상　66

성처녀聖處女　68

수석水石 회의록會議錄　70

금강전도金剛全圖　74

은하계, 태양계,
　　대우주천체大宇宙天體 무한도無限圖　75

성聖 고독　76

오도午禱　79

평원석平原石 이변異變 ―녹색의 꿈　81

신약新約　84

5
하나씩의 별   87

젊음의 바다   88

사도행전使徒行傳 2   90

절벽가絶壁歌   92

속의 해 —애경초愛經抄   94

강강수월래   96

하지절夏至節   98

팔월의 강   100

봄에의 격檄   101

3월 1일의 하늘   106

박두진 연보   108

1

해

 해야 솟아라. 해야 솟아라. 말갛게 씻은 얼굴 고운 해야 솟아라. 산 넘어 산 넘어서 어둠을 살라먹고, 산 넘어서 밤새도록 어둠을 살라 먹고, 이글이글 앳된 얼굴 고운 해야 솟아라.

 달밤이 싫어, 달빛이 싫어, 눈물 같은 골짜기에 달밤이 싫어, 아무도 없는 뜰에 달밤이 나는 싫어……,

 해야, 고운 해야. 늬가 오면 늬가사 오면, 나는 나는 청산이 좋아라. 훨훨훨 깃을 치는 청산이 좋아라. 청산이 있으면 홀로래도 좋아라.

 사슴을 따라 사슴을 따라, 양지로 양지로 사슴을 따라 사슴을 만나면 사슴과 놀고,

 칡범을 따라 칡범을 따라 칡범을 만나면 칡범과 놀고……

 해야, 고운 해야. 해야 솟아라. 꿈이 아니래도 너를 만나면, 꽃도 새도 짐승도 한자리 앉아, 워어이 워어이 모두 불러 한자리 앉아 애뙤고 고운 날을 누려 보리라.

도봉 道峯

산새도 날아와
우짖지 않고,

구름도 떠가곤
오지 않는다.

인적 끊인 곳
홀로 앉은
가을 산의 어스름.

호오이 호오이 소리 높여
나는 누구도 없이 불러 보나,

울림은 헛되이
빈 골 골을 되돌아올 뿐.

산그늘 길게 늘이며
붉게 해는 넘어가고

황혼과 함께
이어 별과 밤은 오리니,

삶은 오직 갈수록 쓸쓸하고,
사랑은 한갓 괴로울 뿐.

그대 위하여 나는 이제도 이
긴 밤과 슬픔을 갖거니와,

이 밤을 그대는 나도 모르는
어느 마을에서 쉬느뇨.

별
— 금강산 시 3

　아아 아득히 내 첩첩한 산길 왔더니라. 인기척 끊이고 새도 짐승도 있지 않은 한낮 그 화안한 골 길을 다만 아득히 나는 머언 생각에 잠기어 왔더니라.

　백화白樺 앙상한 사이를 바람에 백화같이 불리우며 물소리에 흰 돌 되어 씻기우며 나는 총총히 외롬도 잊고 왔더니라.

　살다가 오래여 삭은 장목들 흰 팔 벌리고 서 있고 풍설에 깎이어 날선 봉우리 훌 훌 훌 창천에 흰 구름 날리며 섰더니라.

　쏴아— 한종일 내— 쉬지 않고 부는 물소리 안은 바람소리…… 구월 고운 낙엽은 날리어 푸른 담潭 우에 호르르르 낙화같이 지더니라.

　어젯밤 잠자던 동해안 어촌 그 검푸른 밤하늘에 나는 장엄히 뿌리어진 허다한 바다의 별들을 보았느니,

　이제 나의 이 오늘밤 산장에도 얼어붙은 바람 속 우러르는 나의 하늘에 별들은 쓸리며 다시 꽃과 같이 난만爛漫하여라

꽃

이는 먼
해와 달의 속삭임
비밀한 울음.

한 번만의 어느 날의
아픈 피 흘림.

먼 별에서 별에로의
길섶 위에 떨궈진
다시는 못 돌이킬
엇갈림의 핏방울.

꺼질 듯
보드라운
황홀한 한 떨기의
아름다운 정적靜寂.

펼치면 일렁이는
사랑의
호심湖心아.

어서 너는 오너라

복사꽃이 피었다고 일러라. 살구꽃도 피었다고 일러라. 너이 오오래 정들이고 살다 간 집, 함부로 함부로 짓밟힌 울타리에, 앵도꽃도 오얏꽃도 피었다고 일러라. 낮이면 벌떼와 나비가 날고, 밤이면 소쩍새가 울더라고 일러라.

다섯 뭍과 여섯 바다와, 철이야. 아득한 구름 밖, 아득한 하늘 가에, 나는 어디로 향向을 해야 너와 마주 서는 게냐.

달 밝으면 으레 뜰에 앉아 부는 내 피리의 서른 가락도 너는 못 듣고, 골을 헤치며 산에 올라 아침마다, 푸른 봉우리에 올라서면, 어어이 어어이 소리 높여 부르는 나의 음성도 너는 못 듣는다.

어서 너는 오너라. 별들 서로 구슬피 헤어지고, 별들 서로 정답게 모이는 날, 흩어졌던 너희 형 아우 총총히 돌아오고, 흩어졌던 네 순이도 누이도 돌아오고, 너와 나와 자라난, 막쇠도 돌이도 복술이도 왔다.

눈물과 피와 푸른 빛 깃발을 날리며 오너라.…… 비둘기와 꽃다발과 푸른 빛 깃발을 날리며 너는 오너라.……

복사꽃 피고, 살구꽃 피는 곳, 너와 나와 뛰놀며 자라난, 푸른 보리밭에 남풍은 불고, 젖빛 구름, 보오얀 구름 속에 종달새는 운다.

 기름진 냉이꽃 향기로운 언덕, 여기 푸른 잔디밭에 누워서, 철이야, 너는 닐닐닐 가락 맞춰 풀피리나 불고, 나는, 나는, 두둥싯 두둥실 붕새춤 추며, 막쇠와, 돌이와, 복술이랑 함께, 우리, 우리, 옛날을, 옛날을, 뒹굴어 보자.

장미의 노래

내 여기 한 이름 없는
작은 마을에 태어나

바람의 토양과 부모와
따사한 햇볕에 안겨 자랐으나

어머니의 젖
달큼한 젖의 품을 벗어나
외따로 걷는 마을길에 서서
처음 우러러 하늘을 볼 때부터

이내 자고새면 그리워 온
머언 그
꽃 하나 나의 하늘.

바람 부는 벌판
두견 우는 골짝

내 청춘은
한 사람 살뜰한 연인도 없이
걸어와

눈물은 항시
서럽고 맑은 시의 이슬로
결정結晶 짓고

한숨은 묶어
떠나가는 구름과 바람에 실어
보내며

다만 깊이
내 안에 가꿔온 것
붉은 장미는—

언제 새로 바라는 하늘이 열려
찬란히 트이는
아침에사 피리라.

다섯 뭍과 여섯 바다에
일제히 인류가 합창을 부르는 날

그때사 마저 내 또 머언 곳에
외로이 설지라도

나의 시 아끼는 나의 눈물은
스스로의 장미 우에
영롱히 다시 이슬지어 빛나리라.

향현 香峴

아랫도리 다박솔 깔린 산 넘어 큰 산 그 넘엇 산 안 보이어, 내 마음 등등 구름을 타다.

우뚝 솟은 산, 묵중히 엎드린 산, 골골이 장송長松 들어섰고, 머루 다랫넝쿨 바위엉서리에 얽혔고, 샅샅이 떡갈나무 억새풀 우거진 데, 너구리, 여우, 사슴, 산토끼, 오소리, 도마뱀, 능구리 등 실로 무수한 짐승을 지니인.

산, 산, 산들! 누거만년累巨萬年 너희들 침묵이 흠뻑 지리 함즉 하매.

산이여! 장차 너희 솟아난 봉우리에, 엎드린 마루에, 확확 치밀어 오를 화염火焰을 내 기다려도 좋으랴?

핏내를 잊은 여우 이리 등속이, 사슴 토끼와 더불어 싸릿순 칡순을 찾아 함께 즐거이 뛰는 날을, 믿고 길이 기다려도 좋으랴?

묘지송墓地頌

　북망北邙 이래도 금잔디 기름진데 동그란 무덤들 외롭지 않어이.

　무덤 속 어둠에 하이얀 촉루髑髏가 빛나리. 향기로운 주검 읫 내도 풍기리.

　살아서 설던 주검 죽었으매 이내 안 서럽고, 언제 무덤 속 환안히 비춰줄 그런 태양만이 그리우리.

　금잔디 사이 할미꽃도 피었고, 삐이삐이 배, 뱃종! 뱃종! 멧새들도 우는데, 봄볕 포근한 무덤에 주검들이 누웠네

청산도 靑山道

 산아. 우뚝 솟은 푸른 산아. 철철철 흐르듯 짙푸른 산아. 숱한 나무들, 무성히 무성히 우거진 산마루에, 금빛 기름진 햇살은 내려오고, 둥둥 산을 넘어, 흰 구름 건넌 자리 씻기는 하늘. 사슴도 안 오고 바람도 안 불고, 넘엇 골 골짜기서 울어오는 뻐꾸기…….

 산아. 푸른 산아. 네 가슴 향기로운 풀밭에 엎드리면, 나는 가슴이 울어라. 흐르는 골짜기 스며드는 물소리에, 내사 줄줄줄 가슴이 울어라. 아득히 가 버린 것 잊어버린 하늘과, 아른아른 오지 않는 보고 싶은 하늘에, 어찌면 만나도질 볼이 고운 사람이, 난 혼자 그리워라. 가슴으로 그리워라.

 티끌 부는 세상에도 벌레 같은 세상에도 눈 맑은, 가슴 맑은, 보고지운 나의 사람. 달밤이나 새벽녘, 홀로 서서 눈물 어릴 볼이 고운 나의 사람. 달 가고, 밤 가고, 눈물도 가고, 틔어 올 밝은 하늘 빛난 아침 이르면, 향기로운 이슬밭 푸른 언덕을, 총총총 달려도 와줄 볼이 고운 나의 사람.

 푸른 산 한나절 구름은 가고, 골 넘어, 골 넘어, 뻐꾸기는 우는데, 눈에 어려 흘러가는 물결 같은 사람 속, 아우성쳐 흘러가는 물결 같은 사람 속에, 난 그리노라. 너만 그리노라. 혼자서 철도 없이 난 너만 그리노라.

서한체 書翰體

  노래해다오. 다시는 부르지 않을 노래로 노래해다오. 단 한 번만 부르고 싶은 노래로 노래해다오. 저 밤하늘 높디높은 별들보다 더 아득하게 햇덩어리 펄펄 끓는 햇덩어리보다 더 뜨겁게, 일어서고 주저앉고 뒤집히고 기어오르고 밀고 가고 밀고 오는 바다 파도보다도 더 설레게 노래해다오. 노래해다오. 꽃잎보다 바람결보다 빛살보다 더 가볍게, 이슬방울 눈물방울 수정알보다 더 맑디맑게 노래해다오. 너와 나의 넋과 넋, 살과 살의 하나 됨보다 더 울렁거리게, 그렇게 보다 더 황홀하게 노래해다오 환희 절정 오싹하게 노래해다오. 영원 영원의 모두, 끝과 시작의 모두, 절정 거기 절정의 절정을 노래해다오. 바닥의 바닥 심연의 심연을 노래해다오

2

화비명 花碑銘

하나씩의 꽃잎이 떨어질 때
두들기는 땅의 울림은 천둥이다.
하나씩의 꽃잎이 절벽에 부딪혀 떨어질 때
먼 하늘의 별들도 하나씩
하늘가로 떨어지고,
떨어질 때 켜지는 별들의 빛난 등불
별들이 흘리는 은빛 피
떨어져나온 별들의 자욱에 새겨지는 푸른 이름
그것은 넋의 씨다.
떨어지는 꽃과 별
별과 꽃이 윙윙대는
날개의 불사조
죽어도 살아나는 불씨
죽여도 죽지 않는 승리
죽일수록 살아나는 영원한 불사조다.

설악부 雪岳賦

1

부여안은 치맛자락, 하얀 눈바람이 흩날린다. 골이고 봉우리고 모두 눈에 하얗게 뒤덮였다. 사뭇 무릎까지 빠진다. 나는 예가 어디 저 북극이나 남극 그런 데로도 생각하며 걷는다.

파랗게 하늘이 얼었다. 하늘에 나는 후— 입김을 뿜어 본다. 스러지며 올라간다. 고요—하다. 너무 고요하여 외롭게 나는 태고! 태고에 놓여 있다.

2

왜 이렇게 나는 자꾸 산만 찾아 나서는 겔까? — 내 영원한 어머니…… 내가 죽으면 백골이 이런 양지쪽에 묻힌다. 외롭게 묻어라.

꽃이 피는 때 내 푸른 무덤엔 한 포기 하늘빛 도라지꽃이 피고, 거기 하나 하얀 산나비가 날아라. 한 마리 멧새도 와 울어라. 달밤에 두견! 두견도 와 울어라.

언제 새로 다른 태양 다른 태양이 솟는 날 아침에 내가 다시 무덤에서 부활할 것도 믿어본다.

3

나는 눈을 감아 본다. 순간 번뜩 영원이 어린다. ……인간들! 지금 이 땅 우에서 서로 아우성치는 수많은 인간들— 인간들이 그래도 멸하지 않고 오래오래 세대를 이어 살아갈 것을 생각한다.

우리 족속族屬도 이어 자꾸 나며 죽으며 멸하지 않고 오래오래 이 땅에서 살아갈 것을 생각한다.

언제 이런 설악까지 온통 꽃동산 꽃동산이 되어 우리가 모두 서로 노래치며 날뛰며 진정 하루 화창하게 살아 볼 날이 그립다. 그립다.

묵시록默示錄

나의 사랑하는 이의 꿈이여 거기에 있거라
아무도 올라갈 수 없는 하늘 언덕의 노을자락
아침에 피었다 저녁에 지는 하늘꽃의 꽃언덕
그 무지개로도 햇볕살로도 바람결로도
이슬방울로도 하늘 푸르름으로도
짜낼 수 없는 깁,
그 맞닿아야 할 가슴과 가슴의 따스함
입술과 입술의 보드라움
눈과 눈의 깊음
살과 살의 향기로움이 내려 엉긴
아, 어디까지 어디까지 가도 그 멀음 끝이 없고
언제까지 언제까지 가도 그 오램 끝이 없는
너와 나 닿고자 하는 언덕의 사랑이여
이루어지고 싶은 그 꿈의 꼭대기
자리 잡고자 하는 사랑의 안침이여 거기
있거라.

광장

뜨거운 침묵의 햇살이 쌓이고,
바람은 보고 온 아무것도 말하려 하지 않는다.
젊음이 달리던 함성의 파동
열기를 뿜었던 흔적의 피를
증발하며,
다만
파랗게 몰고 올 바다의 개벽
이념의 별들의 신선한 폭주를 기다리며,
증언의 푸른 나무
정정한 수목들에 둘리워
하얗게 끓고 있다.

기旗

기! 그것은, ―
찬란하게, 우리 앞에 나부끼어야 한다.
바람결 티끌마다 흐려져 온 것, 미쳐 뛰는 물결마다 휩쓸려온 것, 아우성의 저자마다 찢겨져 온 것,

그것은, ―
어쩌면 핏빛, 어쩌면 별빛, 어쩌면 초록, 어쩌면 눈물, 어쩌면 꿈! 어쩌면 활활 타는 불꽃 빛으로, 가슴마다 살아 있어 나부끼는 것,

펄펄펄펄 창궁蒼穹 위에 펼쳐오르면, 저마다의 기폭들이, 아득하게 한 폭으로 피어 살아 오르면, 우리들의 눈은 다시 부시어져 온다. 가슴들이 둥둥 새로 틔어 부퍼 온다. 피가 더욱 새로 맑아 펼덕여져 온다.

기! 다시 오른 기폭은 찢겨지지 않는다. 펄펄펄펄 기폭에서 빛발들이 흘는다. 펄펄펄펄 기폭에서 꽃가루가 흘는다. 기를 향해 우리들은 행진을 한다. 파다아하게 모여들어 새로 뽑는 합창. ― 손뼉들을 흠뻑 친다. 하얀 새를 날린다. 눈빛 같은 하얀 새떼를 파닥파닥 날린다.

기! 그것은, ―
우리들 젊은, 우리들 뛰는, 가슴마다 당신께서 주신 것이다.
기! 그것은, ―
기적처럼 찬란하게, 당신께서 우리 앞에 날리셔야 한다.

비碑

―한 마리만 푸른 새가 날아오르라. 비碑. ……한 마디만 길다랗게 소릴 뽑으라.

천 년 이천 년을 삼천 년을 조으는 것, 이끼마다 눈이 되어 꽃잎으로 피라. 이슬처럼 꽃잎마다 녹아 흐르면, 아득한 하늘 밖에 별이 내린다.

비碑. 오오, 돌. ……무엇을 호흡하는가. 오래 숨이 겹쳐지면 깃쭉지가 돋는가. 목을 뽑아 학처럼 구름 밖도 나는가. 비바람과 눈포래와 내려쬐는 뙤약볕. 미쳐 뛰는 세월들이 못을 박는다. 징을 박는다.

―월광月光. ……또는, 별이 글성 배어 내려, 거울처럼 맑아지면 다시 네게 오마. 넌즛 한번 내어밀어 손을 쥐어 다오. 벌에 혼자 너를 두고 훌훌 내가 간다.

꽃들의 행렬

현란한 꿈의 무지개도
아침 바닷소리의 싱싱한 설레임도
새들의 낭랑한 지저귐도
생각하는 나무의 푸른 그림자도
지금은 없네.
뜨거운 햇살의 입맞춤도
바람의 부드러운 포옹도
유유한 구름의 손짓도
거룩한 별들의 속삭임도
지금은 없네.
꿈의 자락 갈래져 찢기우고
새들은 침묵하고
생각하는 나무의 잎새들 조락하고
햇살은 핏빛 전율
바람은 발광
구름들 스스로 분노로 불이 일어
어둠에 피 묻히는 꽃들의 저 행렬
안으로 무너지며 밤에 쌓이는
그 강가 가시벌의 꽃대열이어
내일에의 꽃의 절규
푸드득거림이어.

갈보리의 노래 2

 마지막 내려덮는 바위 같은 어둠을 어떻게 당신은 버틸 수가 있었는가? 뜨물 같은 치욕을, 불붙는 분노를, 에어내는 비애를, 물새 같은 고독을, 어떻게 당신은 견딜 수가 있었는가? 꽝꽝 쳐 못을 박고, 창끝으로 겨누고, 채찍질해 때리고, 입맞추어 배반하고, 매어달아 죽이려는, 어떻게 그 원수들을 사랑할 수 있었는가? 어떻게 당신은 강할 수가 있었는가? 파도같이 밀려오는 승리에의 욕망을 어떻게 당신은 버릴 수가 있었는가? 어떻게 당신은 패할 수가 있었는가? 어떻게 당신은 약할 수가 있었는가?
 어떻게 당신은 이길 수가 있었는가? 방울방울 땅에 젖는 스스로의 혈적血滴으로, 어떻게 만민들이 살아날 줄 알았는가? 어떻게 스스로가 신인 줄 믿었는가? 커다랗게 벌리어진 당신의 두 팔에 누구가 달려들어 안길 줄을 알았는가? 엘리…… 엘리…… 엘리…… 엘리…… 스스로의 목숨을 스스로가 매어달아, 어떻게 당신은 죽을 수가 있었는가? 신이여! 어떻게 당신은 인간일 수 있었는가? 인간이여! 어떻게 당신은 신일 수가 있었는가? 아! 방울방울 떨구어지는 핏방울은 잦는데, 바람도 죽고 없고 마리아는 우는데, 마리아는 우는데,
 인자人子여! 인자여! 마지막 쏟아지는 폭포 같은 빛줄기를 어떻게 당신은 주체할 수 있었는가?

갈대

갈대가 날리는 노래다
별과 별에 가 닿아라.
지혜는 가라앉아 뿌리 밑에 침묵하고,
언어는 이슬방울,
사상은 계절풍,
믿음은 업고業苦,
사랑은 피흘림,
영원. ─너에의
손짓은
하얀 꽃 갈대꽃.
잎에는 피가 묻어,
스스로가 갈긴 칼에
선혈鮮血이 뛰어 흘러,
갈대가 부르짖는 갈대의 절규다.
해와 달 해와 달 뜬 하늘에 가 닿아라.
바람이 잠자는,
스스로 침묵하면
갈대는
고독.

고독의 강

빛에서 피가 흐르는
강
고독이 띄우는
찬란한 꽃불은
밤이다.

짐승과 짐승들이 일으키는
내일의 종말을 위한
끊임없는
교역,
도마 위
푸른 칼 앞에
움직일 수도 없이 눕는
평화와 자유여.

오랜 앞날에
오늘의 밤을 증언할
고양이의
불붙은 눈과
목으로 토하는

까마귀의
피 기록.

바람이 술이 되고
햇볕이
눈물이 되고
저승과 이승을 위한
늙으신 주례는
지금 침묵.

무덤과 혼례를 장식할
최후의 꽃다발은
이미 짓밟힌
절망의 진눈깨비.

잘 길들은
식민지의 지성이 선량해서
밤이 편쿠나.

펄럭이던

깃발의 신호가 내려지자
구름과
바람마저 반란하는
벌판,

비둘기가
그 짝의 이름을 외우다
쓰러져 간
고독한 강가에,

늙은 눈먼 청동말 하나
먼 노을을 향해
떨면서 울음 운다.

3

산맥을 간다

얼룽진 산맥들은 짐승들의 등빠디
피를 뿜듯 치달리어 산등성을 가자.

흐트러진 머리칼은 바람으로 다스리자.
푸른빛 이빨로는 아침 해를 물자.

포효는 절규, 포효로는 불을 뿜어,
죽어 잠든 골짝마다 불을 지르자.

가슴에 살이 와서 꽂힐지라도
독을 바른 살이 와서 꽂힐지라도,

가슴에는 자라나는 애기해가 하나
나긋나긋 새로 크는 애기해가 한 덩이.

미친 듯 밀려오는 먼바다의
울부짖는 파도들에 귀를 씻으며,

떨어지는 해를 위해 한 번은 울자.
다시 솟을 해를 위해 한 번은 웃자.

푸른 하늘 아래

내게로 오너라. 어서 너는 내게로 오너라. ―불이 났다. 그리운 집들이 타고, 푸른 동산, 난만한 꽃밭이 타고, 이웃들은, 이웃들은, 다 쫓기어 울며울며 흩어졌다. 아무도 없다.

이리들이 으르댄다. 양 떼가 무찔린다. 이리들이 으르대며, 이리가 이리로 더불어 싸운다. 살점들을 물어 뗀다. 피가 흐른다. 서로 죽이며 작고 서로 죽는다. 이리는 이리로 더불어 싸우다가, 이리는 이리로 더불어 멸하리라.

처참한 밤이다. 그러나 하늘엔 별― 별들이 남아 있다. 날마다 아직은 해도 돋는다. 어서 오너라. ……황폐한 땅을 새로 파 이루고, 너는 나와 씨앗을 뿌리자. 다시 푸른 산을 이루자. 붉은 꽃밭을 이루자.

정정한 푸른 장생목도 심그고, 한철 났다 스러지는 일년초도 심그자. 잣나무, 오얏, 복숭아도 심그고, 들장미, 석죽, 산국화도 심그자, 싹이 나서 자라면, 이어, 붉은 꽃들이 피리니……

새로 푸른 동산에 금빛 새가 날아오고, 붉은 꽃밭에 나비 꿀벌 떼가 날아들면, 너는, 아아, 그때 나와 얼마나 즐거우랴. 섦게 흩어졌던 이웃들이 돌아오면, 너는 아아 그때 나와 얼마나 즐거우랴. 푸른 하늘, 푸른 하늘 아래 난만한 꽃밭에서, 꽃밭에서, 너는, 나와, 마주, 춤을 추며 즐기자. 춤을 추며, 노래하며 즐기자. 울며 즐기자. ……어서 오너라. ……

꽃과 항구

나무는 철을 따라
가지마다 난만히 꽃을 피워 흩날리고,

인간은 영혼의 뿌리 깊이
눌리면 타오르는 자유의 불꽃을 간직한다.

꽃은 그 뿌리에 근원하여
한철 바람에 향기로이 나부끼고,

자유는 피와 생명에 뿌리하여
영혼의 밑바닥 꺼지지 않는 근원에서 죽지 않고 탄다.

꽃잎. 꽃잎. 봄 되어 하늘에 구름처럼 일더니,
그 바다―, 꽃그늘에 항구는 졸고 있더니,

자유여! 학살되어 바닷속에 버림받은 자유여!
피안개에 그므는 아름다운 항구여!

그 소녀와 소년들과 젊음 속에 맥 뛰는
불의와 강압과 총칼 앞에 맞서는

살아서 누리려는 자유에의 비원이
죽음— . 생명을 짓누르는 공포보다 강하고나.

피는 꽃보다 값지고,
자유에의 불꽃은 죽음보다 강하고나.

불사조의 노래

이제는 일어나야 할 때다.
이제는 잠자던 의식의 나뭇가리에 활활 불을 당겨야 할 때다.
이제는 죽은 듯 식어져 차가웁던 잿더미에서
푸드득 푸드득 불사不死의 새 새끼들을 날려올려야 할 때다.
이제는 우리들의 정신 녹슬고 정체된 감정의 바다에
노한 파도 밑으로부터 소용돌이쳐 올라오는 힘,
잃어버렸던, 까맣게 잊어버렸던 스스로의 힘들을 불러일으켜야 할 때다.
이제는 우리들의 나른하고 해이한 사상, 불투명하고 몽롱하던 관념, 비겁하고 추종적이던,
우유부단하고 무사안일주의적이던
도피와 방종, 체념과 눈치와 아부로 썩어져 가던 의지의 웅덩이로부터
헤어나야 할 때다.
이제는 어두워도 어두운 줄을 모르고 갇혀도 갇힌 줄을 모르고
거세를 당해도 거세를 당한 줄을 모르고
눈을 가리어도 귀를 막아도 사지를 묶어도 또 그런 줄을 몰랐던

그 비극에서 그 분노의 그 큰일 날 지경에서
그 죽음, 인간이 곧 짐승, 살아도 곧 죽을 것과 다르지 않던
그러한 처지에서 스스로 깨우쳐
날아올라야 할 때다.
죽은 듯 차가운 잿더미 속 어둠과 무력으로부터
패배와 포기로부터, 체념과 무관심으로부터 일어나
푸드득 푸드득 날아올라야 할 날개
한 마리 열 마리 천 마리 만 마리씩
우리들 의지들의 살아 일어나야 할 날개.
사나운 맹금猛禽이며 사납디사나운 하늘 새의 칼새로서
죽지는 바로 바람 치달려 펄럭여 오르는
승리의 기치로서
어둠을 까마귀 채듯 기만을 들쥐 채듯
일체 악, 일체 비非를 쓸어버릴 때다.
무한 창궁, 우리들의 하늘을 탈환할 때다.
눈으로는 눈을
부리로는 부리를
발톱으로는 발톱을 노려
스스로 떨며 뛰는 악의 심장들
스스로를 피 할퀴는 악의 부리들을

무한 횡포 무한 오만을 꺾어 버릴 때다.
민족이여, 우리들,
잠자던 중에서, 잊어버렸던 중에서
그 썩어짐에서 부정에서
그 잘못됨에서 어리석음에서
그 위기에서 망쪼에서
이제는 날개 털고 일어나야 할
너무도 오래 억눌렸던
너무도 오래 시달렸던
너무도 오래 어두웠던 우리들의 역사
너무도 오래 박탈당했던
상처투성이 상처투성이 상처투성이의 자유,
그렇게도 가지고 싶었던
우리들의 평화
그렇게 가지고 싶었던
우리들의 민주주의
그렇게도 가지고 싶었던
하나의 나라의 영원을
남북 자주 자유 통일
하나의 나라의 비원悲願을

아, 이것 하나 못 이뤄 보랴
우리 겨레 능력
불붙이면 타오르는 겨레 얼의 그것
정신 속의 사상 속의 의식 속의 그것
죽은 듯 식어져서 차가웁던 잿더미에서
스스로는 몰랐던 그 푸르디푸른 생명의 심연深淵에서
한 마리 백 마리 천 마리 만 마리씩
불사의 새여
푸드득 푸드득
이제는 우리들의 날개를 퍼덕여 올려야 할 때다.

우리들의 깃발을 내린 것이 아니다

우리는 아직도
우리들의 깃발을 내린 것이 아니다.
이 붉은 선혈로 나부끼는
우리들의 깃발을 내릴 수가 없다.

우리는 아직도
우리들의 절규를 멈춘 것이 아니다.
그렇다. 그 피불로 외쳐 뿜는
우리들의 피외침을 멈출 수가 없다.

불길이여! 우리들의 대열이여!
그 피에 젖은 주검을 밟고 넘는
불의 노도, 불의 태풍, 혁명에의 전진이여!
우리들 아직도
스스로는 못 막는
우리들의 피대열隊列을 흩을 수가 없다.
혁명에의 전진을 멈출 수가 없다.

민족, 내가 사는 조국이여.
우리들의 젊음들.

불이여! 피여!
그 오오래 우리에게 썩어 내린
악으로 불순으로 죄악으로 숨어 내린
그 면면한
우리들의 속의 썩은 것을 씻쳐내는,
그 면면한
우리들의 핏줄 속에 맑은 것을 솟쳐내는,
아, 피를 피로 씻고,
불을 불로 살워,
젊음이여! 정淨한 피여! 새 세대여!

너희들 이미 일어선 게 아니냐?
분노한 게 아니냐?
내달린 게 아니냐?
절규한 게 아니냐?
피흘린 게 아니냐?
죽어간 게 아니냐?

아, 그 뿌리어진
임리淋漓한 붉은 피는 곱디고운 피꽃잎,

피꽃은 강을 이뤄,
강물이 갈앉으면 하늘 푸르름,
혼령들은 강산 위에 햇볕살로 따스워,

아름다운 강산에 아름다운 나라를
아름다운 나라에 아름다운 겨레를
아름다운 겨레에 아름다운 삶을
위해,
우리들이 이루려는 민주공화국
절대공화국

철저한 민주정체民主政體,
철저한 사상의 자유,
철저한 경제균등,
철저한 인권평등의,

우리들의 목표는 조국의 승리,
우리들의 목표는 지상에서의 승리,
우리들의 목표는
정의, 인도, 자유, 평등, 인간애의 승리인,

인민들의 승리인,
우리들의 혁명을 전취戰取할 때까지,

우리는 아직
우리들의 피깃발을 내릴 수가 없다.
우리들의 피외침을 멈출 수가 없다.
우리들의 피불길,
우리들의 전진을 멈출 수가 없다.

혁명이여!

천태산天台山 상대上臺

먼 항하사
영겁을 바람 부는 별과 별의
흔들림
그 빛이 어려 산드랗게
화석하는 절벽
무너지는 꽃의 사태
별의 사태
눈부신,
아
하도 홀로 어느 날에 심심하시어
하늘 보좌 잠시 떠나
납시었던 자리.
한나절 내 당신 홀로
노니시던 자리.

칠월의 편지

칠월의 태양에서는 사자 새끼 냄새가 난다.
칠월의 태양에서는 장미꽃 냄새가 난다.

그 태양을 쟁반만큼씩
목에다 따다가 걸고 싶다.
그 수레에 초원을 달리며
심장을 싱싱히 그슬리고 싶다.

그리고 바람,
바다가 밀며 오는,
소금 냄새의 깃발, 콩밭 냄새의 깃발,
아스팔트 냄새의, 그 잉크빛 냄새의
바람에 펄럭이는 절규—.

칠월의 바다의 저 출렁거리는 파면波面
새파랗고 싱그러운
아침의 해안선의
조국의 포옹.

칠월의 바다에서는,
내일의 소년들의 축제 소리가 온다.
내일의 소녀들의 꽃비둘기 날리는 소리가
온다.

마법의 새

아직도 나는 너를 사랑하고 있다
너는 하늘에서 내려온
몇 번만 날개 치면 산골짝의 꽃
몇 번만 날개 치면 먼 나라 공주로,

물에서 올라올 땐 푸르디푸른 물의 새
바람에서 빚어질 땐 희디하얀 바람의 새
불에서 일어날 땐 붉디붉은 불의 새로
아침에서 밤 밤에서 꿈에까지
내 영혼의 안과 밖 가슴 속 갈피갈피를
포릉대는 새여.

어느 때는 여왕으로 절대자로 군림하고
어느 때는 품에 안겨 소녀로 되어 흐느끼는
돌아설 땐 찬바람
빙벽 속에 화석하며 끼들끼들 운다.

너는 날카로운 부리로
내 심장의 뜨거움을 찍어다가 벌판에 꽃 뿌리고
내가 싫어하는 짐승 싫어하는 뱀들의
그것의 코빼기를 발톱으로 덮쳐

뚝뚝 듣는 피를 물고 되돌아올 때도 있다.

너는
홀로 쫓겨 숲에 우는 어린 왕자의 말이다가
밤마다 달빛 섬에 홀로 우는 학이다가
오색 훨훨 무지개 속 구름 속의 천사이다가
돌로 치는 군중 속의 피 흐르는 창녀이다가
한 번 맡으면 쓰러지는 독한 꽃의 향기이다가
새여.

느닷없이 얼키설키 영혼을 와서 어지럽혀
나도 너를 알 수 없고 너도 나를 알 수 없게
눈으로 서로 보면 눈이
넋으로 서로 보면 넋이
타면서 서로 아파 깊게깊게 앓는,

서로 오래 영혼끼리 꽃으로 서서 우는
서로 찾아 하늘 날며 종일을 울어예는
어쩔까 아 징징대며 젖어오는 울음
아직도 너를 나는 사랑하고 있다.

별밭에 누워

바람에 쓸려가는 밤하늘 구름 사이
저렇게도 파룻한 별들의 뿌림이여
누워서 반듯이 바라보는
내 바로 가슴 내 바로 심장 바로 눈동자에 맞닿는
너무 맑고 초롱한 그 중 하나 별이여
그 삼빡이는 물기어림
가만히 누워서 바라보려 하지만
무심하게 혼자 누워 바라만 보려 하지만
오래오래 잊어버렸던 어린적의 옛날
소년쩍 그 먼 별들의 되살아옴이여
가만히 누워서 바라보고 있으면
글썽거려 가슴에 와 솟구치는 시름
외로움일지 서러움일지 분간 없는 시름
죽음일지 이별일지 알 수 없는 시름
쓸쓸함도 몸부림도 흐느낌도 채 아닌
가장 안의 다시 솟는 가슴 맑음이어
어떻게도 할 수 없는 울고 싶음이어
어떻게도 할 수 없는 소리 지름이어

4

가시 면류관

비로소 하늘로 타고 올라갈 수 있는 사다리.
죽음의 바닥으로 딛고 내려갈 수 있는 사다리.
빛이 그 가시 끝 뜨거운 정점들에 피로 솟고
비로소 음미하는 아름다운 고독
별들이 뿌려 주는 눈부신 축복과
향기로이 끈적이는 패배의 확증 속에
눌러라 눌러라 가중하는 이 황홀
이제는 미련 없이 손을 들 수 있다.
누구도 다시는 기대하지 않게
혼자서도 이제는 개선할 수 있다.

자화상

돌과 돌들이 굴러가다가 나를 두들기고,
모래와 모래가 쓸려가다가 나를 두들기고,
물결과 물결이 굽이쳐 가다가 나를 두들기고,

너무도 기나긴 억겁의 세월,

햇살과 햇살이 나를 두들기고,
달빛이 나를 두들기고,
깜깜한 밤들이 나를 두들기고,
별빛과 별빛이 나를 두들기고,

아, 훌훌한 낙화가
꽃잎이 나를 두들기고,
바람이 나를 두들기고,
가랑비 소낙비 진눈깨비가 나를 두들기고,
싸락눈 함박눈 눈보라가 나를 두들기고,
우박이 나를 두들기고,

그, 분노가 나를 두들기고,
회의와 불안,

고독이 나를 두들기고,
절망이 나를 두들기고,

아니, 사랑이 나를 두들기고,
끝없는 뉘우침
끝없는 기다림
갈망이 나를 두들기고,

양심과 정의, 지성이 나를 두들기고,
진리와 평화
자유가 나를 두들기고,
겨레가 나를 두들기고,

끝없는 아름다움
예술이 나를 두들기고,

나사렛 예수
주 그리스도와 하느님,
말씀이 나를 두들기고.

성처녀 聖處女

금빛 햇덩어리의 마음으로
푸르디푸른 오월 바람결의 마음으로
혼자서 흐느끼는 여울물의 마음으로
너를 굽어보고
쓰다듬고
어루만지고
끌어안고
볼 비비고
따뜻하게 가슴 품고 방황하며 있었다.
짐승 소리 들렸다
이리 늑대 말승냥이 소리
개호주 살가지 칡덕범 소리
들개 호박개 불여우 소리
이는 이로
눈은 눈으로
꽃은 꽃으로
피는 피로 짓이겨
낮에도 달밤에도 울음 울었다.
저희끼리 으르렁이며 피를 흘렸다.
오직 내 끓는

심장의 뜨거움
혈조의 싱싱함으로
하얗게 눈부시게 백열한 사랑
영혼의 푸른 높이
쏘는 눈
윙윙대는 날개의 사랑으로
더 깊고 그윽한 산의 가슴
바다 가슴으로
다만 작은 아기
내 넋의 전부
불멸의 마리아로 너를 안았었다.

수석水石 회의록會議錄

돌밭의

돌들이 날더러 비겁하다고 한다.
돌들이 날더러 어리석다고 한다.
돌들이 날더러 실망했다고 한다.

돌들이 날더러 눈물 흘리라고 한다.
돌들이 날더러 피 흘리라고 한다.

돌들이 일제히 주먹질한다.
돌들이 일제히 욕설 퍼붓는다.
돌들이 나를 향해 돌을 던진다.

돌들이 다시 또

돌들이 날더러 일어설 것이냐고 한다.
돌들이 날더러 도망할 것이냐고 한다.
돌들이 날더러 숨어버릴 것이냐고 한다.

돌들이 날더러 분노하라고 한다.
돌들이 날더러 불 질러 보라고 한다. 어둠에.

돌들이 날더러 또 사자가 되라고 한다.
돌들이 날더러 독수리가 되라고 한다.
돌들이 날더러 말승냥이가 되라고 한다. 차라리.
돌들이 날더러 표범이 되라고 한다. 차라리.

돌들이 날더러 학이나 비둘기
사슴이나 산양이 되라고 한다. 차라리.

아, 돌들이 이번에는

돌들이 날더러 하늘의 별들을 따와 보라고 한다.
햇덩어리 이글대는
이글대는 햇덩어릴 쏘아 떨어뜨려 보라고 한다.
저 달의 달그림자
눈물의 얼음벌을 쏘아 떨어뜨려 보라고 한다.

돌들이 또 날더러
바다 위로 쩔벙쩔벙 걸음 걸어와 보라고 한다.

돌들이 날더러
돌로써 빵을 빚고
손으로 돌을 쳐 콸콸 솟는 샘물
모세처럼 돌에서 샘물을 솟게 해 보라고 한다.

돌들이 날더러
이런 소리 끝까지 듣고 있는 바보
돌들이 날더러 바보가 아니냐고

돌들이 날더러 돌이나 되라고 돌이나 되라고 한다.

그렇게 내가 손들고 일어서서
진실로 한 점
돌이 될 것을 선언하자,

이제 천천만 돌들의

그 돌 속의 불, 돌 속의 물, 돌 속의 빛, 돌 속의 얼음, 돌 속의 시, 돌 속의 꿈, 돌 속의 고독, 돌 속의 눈물, 돌 속의 참음, 돌 속의 힘, 돌 속의 저항,
　돌 속의 의지, 돌 속의 평화, 돌 속의 사랑,
　돌 속의 자유,
　돌 속의 우주, 돌 속의 환희
　있는 것 일체 모두
　하나로 엉겨,

　하늘 천지 땅 천지 둥둥 뜨는 함성
　만세 만세 돌들의 외침 끝이 없었다.

금강전도 金剛全圖

밤에도 낮에도 별이 펑펑 쏟아지고,
달이 열 개 해가 열 개 높게높게 걸려 있고,
억억만 동해 파도 하얗게 밀고 오고,
금사다리 은사다리 일만 이천 별사다리,
찰박이던 달의 폭포 달의 골짝 거기,
육천만 가슴속 이 저마다의 눈멀음,
응어리 안의 넋이 불로 활활 탄다.
아으, 서로 얽힌 넋의 사슬 끊을 수가 없다.
넋 철철 피로 솟아 강산 적신다.
갈수록 더 골짝마다 맹수의 떼 들끓고,
하늘 아래 제일강산 검은 먹구름.
언제나 그 자유천지 하나의 날 그때일지,
온 산을 다 뭉개도 못 다스릴 이 아픔,
일만 이천 주룩주룩 서서 너는 운다.

은하계, 태양계, 대우주천체 大宇宙天體 무한도 無限圖

너는 돌이 아니고 별이다. 별이 아니고 꿈이다. 꿈이 아니고 불이다. 불이 아니고 분노다. 분노가 아니고 참음이다. 참음이 아니고 포용, 포용이 아니고 사랑이다. 사랑이 아니고 살, 살이 아니고 넋, 넋이 아니고 피의 응어리, 그리움의 응어리, 기다림, 외로움, 목숨과 목숨의 뼈, 뼈의 영원, 살의 영원, 꿈의 영원, 알맹이 그 억억 조조 미립자, 빛, 핵, 빛의 핵, 핵의 빛, 천지 우주의 무한 있음, 무한 있음의 내 앞에 있음, 만남, 초자연 속의 자연, 자연 속의 초자연, 있음의 그 영원 속의 눈이 부신 실존이다. 억만 개의 햇덩어리, 너의 안에 이글대고, 억억만 별의 나라 너의 속에 윙윙대는, 너 한 개 돌, 나도 한 개 돌, 돌과 돌이 끌어안고 엉이엉이 운다

성聖 고독

쫓겨서 벼랑에 홀로일 때
뿌리던 눈물의 푸르름
떨리던 풀잎의 치위를 누가 알까

땅바닥 맨발로 넌즛 돌아
수줍게 불러 보는 만남의 가슴 떨림
해갈의 물동이
눈길의 그 출렁임을 누가 알까

천 명 삼천 명의 모여드는 시장끼
영혼의 그 기갈소리 전신에 와 흐르는
어떡할까 어떡할까
빈 하늘 우러르는
홀로 그때 쓸쓸함을 누가 알까

하고 싶은 말
너무 높은 하늘의 말 땅에서는 모르고
너무 낮춘 땅의 말도
땅의 사람 모르고
이만치에 홀로 앉아 땅에 쓰는 글씨

그 땅의 글씨 하늘의 말을 누가 알까

모닥불 저만치 제자는 배반하고
조롱의 독설,
닭울음 멀어 가고
군중은 더 소리치고
다만 침묵
흔들리는 안의 깊이를 누가 알까

못으로 고정시켜
몸 하나 매달기에는 너무 튼튼하지만
비틀거리며
어깨에 메고 가기엔 너무 무거운

몸은 형틀에 끌려가고
형틀은 몸에 끌려가고
땅 모두 하늘 모두 친친 매달린

죄악 모두 죽음 모두
거기 매달린

나무 형틀 그 무게를 누가 알까

모두는 끝나고
패배의 마지막

태양 깨지고 산 웅웅 무너지고
강물들 역류하고
낮별의 우박 오고
뒤뚱대는 지축
피 흐르는 암반

마리아
그리고 막달레나 울음

모두는 돌아가고
적막
그때
당신의 그 울음소리를 누가 알까

오도午禱

백 천만 만만 억 겹
찬란한 빛살이 어깨에 내립니다.

자꾸 더 나의 위에
압도壓倒하여 주십시오.

이리도 새도 없고,
나무도 꽃도 없고,
쨍 쨍, 영겁을 볕만 쬐는 나 혼자의 광야에
온몸을 벌거벗고
바위처럼 꿇어,
귀, 눈, 살, 터럭,
온 심혼心魂, 전소 영靈이
너무도 뜨겁게 당신에게 닿습니다.
너무도 당신은 가차이 오십니다.

눈물이 더욱더 맑게 하여 주십시오.
땀방울이 더욱더 진하게 해 주십시오.
핏방울이 더욱더 곱게 하여 주십시오.

타오르는 목을 축여 물을 주시고,
피 흘린 상처마다 만져 주시고,
기진한 숨을 다시
불어 넣어 주시는,

당신은 나의 힘.
당신은 나의 주主.
당신은 나의 생명.
당신은 나의 모두.……

스스로 버리려는
벌레 같은 이,
나 하나 끓은 것을 아셨습니까.
뙤약볕에 기진한
나 홀로의 핏덩이를 보셨습니까.

평원석平原石 이변異變
— 녹색의 꿈

고향이었다. 어릴 때였다. 풀밭, 들길, 논두렁길이었다. 민들레꽃이 한 송이 피어 있었다. 오랑캐꽃이 한 송이 피어 있었다. 아침 이슬이 발끝에 차였다. 후르륵후르륵 벼메뚜기가 날았다. 쩍, 찌기 찌기 찌기 찌기……쩍, 찌기 찌기 찌기 찌기……, 여치가 한 마리 울고 있었다. 아무도 없고 혼자였다. 햇볕이 쨍쨍 뜨거웠다.

둑 아래 맑은 웅덩이에 붕어떼 노는 것이 보였다. 금붕어였다. 붉은빛, 깜정빛, 무지갯빛 열대어였다. 잡고 싶었다. 어릴 때 마음 그대로, 훌훌 벌거벗고 뛰어들어 모조리 훔켜서 잡고 싶었다. 가슴이 두근댔다. 잡을까 잡을까 망설이는데 이상했다. 갑자기 붕어가 간 곳 없고, 한 마리씩 한 마리씩 호랑나비가 되어 하늘로 날아갔다. 마음이 언짢고 슬펐다. 그렇고나, 내가 지금 어릴 때 고향으로 낙향을 온 거지, 정말 그렇게 절실하게 실감이 나는 실감. 그 죽음의 도시 서울, 모든 것 다 버리고 영원히 이곳으로 낙향을 온 거지, 혼자서 엉엉 울면서 걸었다.

개구리가 한 마리 펄쩍펄쩍 뛰었다. 주먹만 한 청개구리, 얼룩덜룩한 콩밭의 청개구리. 헐떡헐떡 당황하며 바로 내 발 앞을 가로질렀다. 이상했다. 다시 보니, 새끼 뱀장어만 한 독사가 한 마리 청개구리의 덜미를 깊숙이 물고 늘어져 있었다. 가엾어라 청개구리가 죽는고나 저렇게 먹혀서 죽는고나 하고 망설이는데 이상했다. 청개구리가 커다랗게 한번 땅재주를 넘더니 큰 입 쩍 벌리고 독사를 통째로 삼켜 버렸다. 신났다. 햇볕이 쨍쨍 쬐이고 있었다.

 저만치 동네가 하나 보였다. 둥치가 붉은 적송이 몇 그루 서 있고, 초가집이 네댓 집, 아무도 살지 않는 빈 동네였다. 쓸쓸하고 슬펐다. 저기가 아마 옥이네, 동네 저 집이 바로 옥이네 그 집, 쑤루룩 쑤루룩 가슴이 무너졌다. 어디 갔을까, 어디 갔을까, 그 눈동자 까만, 눈썹 까만, 희디흰 살결의 어릴 때 옥이. 어릴 때 그때처럼 훌적훌적 울었다. 옥이네 옛 동네는 비어 있었다.

가도가도 풀밭, 아무도 없고 나 혼자뿐이었다. 쨍쨍 햇볕이 퍼붓고, 모든 것 다 버리고 온, 죽음의 도시 서울 영원히 영원히 아득하고, 띠리루루 띠리루루 낮 귀뚜라미 잊은 듯 다시 울고, 민들레꽃이 한 송이 피어 있었다. 오랑캐꽃이 한 송이 피어 있었다. 온 들 온 풀밭, 가도 가도 아무도 사람이라곤 없고, 사실은 어디로도 나는 갈 곳이 없었다. 그래서 울었다. — 주여 나 여기에 왔나이다. 여기에 홀로 있나이다. — 풀밭 빈 들 어릴 때 그 고향 그 논두렁……흑흑 느끼는데 이상했다.

아까 그 개구리 녹색 얼룩개구리가 펄적펄적 나타났다. 금테두리 두 눈, 금테두리 입, 금테두리 두꺼비처럼 불컥불컥 숨을 쉬며, 볼 동안에 크게크게 온 몸뚱이가 부풀어 올랐다. 거대한 몸뚱어리, 주홍빛 거대한 입 쩍 벌리고, 놀라웠다. 하늘 중천의 햇덩어리, 주렁주렁 내려오는 금빛 열 개의 햇덩어리를 하나씩 늘름늘름 삼켜 버렸다. 온 들에 뒤떨어져 나만 혼자 서 있고, 대낮인데 어둠 펑펑 밤눈 펑펑 쌓였다.

신약新約

만년 뒤에도 억년 뒤에도
우린 그때 그렇게 있을 것이라 한다.
모두는 끝나고
바다와 하늘뿐인
뙤약볕 사막벌의 하얀 뼈의 너
희디하얀 뼈로 나도 너의 곁에 누워
사랑해, 사랑해,
서로 오래 하늘 두고 맹서해온 말
그 가슴의 말 되풀이해 파도 소리에 씻으며
영겁을 나란하게
바닷가에 살아
우린 그때 그렇게 있을 것이라 한다.

5

하나씩의 별

하나씩의 별들이 죽어가고 있다.
아픔의 피로 지는
침묵들의 낙엽,
아무도 오늘을 기록하지 않는다.

더러는 서서 울고
더러는 이미 백골
헛되이 희디하얀 백일百日만
벌에 쬐는
하나씩의 순수의 영겁의
넋의 분노

벌판을 치달리던
맹수들의 살육,
그 턱의 뼈도 흐트러져
하얗게 울고 있다.

젊음의 바다

하늘에서 쏟아지는 바다다 밀어라
땅에서 쏟아지는 바다다 밀어라
바다에서 쏟아지는 바다다 밀어라

무너지는 우리의 사랑을
무너지는 우리들의 나라를
무너지는 우리들의 세기를 삼키고도

너는 어제같이
일렁이고
퍼렇게 입을 벌려 삼키는 아침의 저 햇덩어리
퍼렇게 입을 벌려 삼키는 저 달덩어리
달덩어리

언제나 모두요 하나로
착한 자나 악한 자
우리들의 어제도 오늘도 내일도 꿈도 자랑도 슬픔도
파도 덮쳐
너의 품에 용해하는

다만
끝없이 일렁이는
끝없이 정렬하는 무한 넓이
무한 용량
푸르디푸른
너 천길 속의 의지
천길 속의 고요로다.

사도행전使徒行傳 2

　　1

카인이 돌아가면 혼자였었네.
몇 개의 돌덩이와
흔들리는 쑥대
들리는 듯 멀리서 바다가 울고 오고
바람은 은색
피로 땅에 스미면서 혼자였었네.

당신은 없었네.
늦게 해가 허릴 굽혀
이마를 와 짚어 주고
주저앉아 멀리서 카인의 울음
그 울음 멀어 가면
혼자였었네.

　　2

피리를 불어도 춤추지 않고
어디론가 웅성대며 몰려가는 소리
벼랑을 돌아가면

혼자였었네.

날아오던 돌의 소리, 아우성 소리,
미친 듯
그, 바다로 비탈길로 내리닫던 군중
당신들을 피해가면 혼자였었네.

더러는 창을 들고
더러는 침을 뱉고
더러는 싱긋 웃고 곁을 와서 끼던
아, 보고 싶은 이웃
벼랑을 돌아가면 혼자였었네.
바다 멀리 푸른 데서
혼자였었네.

절벽가絶壁歌

절벽이 아니라 무너져 내리는 별들이네.
별들이 아니라 서서 우는 절벽들이네.

별들이 별들 위에
절벽이 절벽 위에 있네.

절벽이 절벽 아래에도 있네.
절벽이 절벽 앞에, 절벽 뒤에,
절벽이 절벽 안에도 있네

절벽은 절벽끼리 손이 서로 닿지 않네.
절벽은 절벽끼리 말을 서로 할 수 없네.

절벽이 절벽끼리 눈을 서로 가리우네.
절벽이 절벽끼리 귀를 서로 가리우네.
절벽이 절벽끼리 입을 서로 막네.

절벽들의 횃불을 절벽들이 못 보네.
절벽들의 절규를 절벽들이 못 듣네.

절벽은 스스로
사랑의 뜨거움을 말하지 않네.
절벽은 그 외로움
절벽은 그 분노
절벽은 그 내일에의 절망을 말하지 않네.

절벽의 가슴속엔 쏟아지는 별의 사태,
절벽들의 가슴속엔 피와 꿈의 비바람,
절벽들의 가슴속엔 펄펄 꽃이 지네.

어디에나 홀로 서서 절벽들이 우네.

속의 해
― 애경초愛經抄

푸른 달밤의 까마귀떼
훠이훠이 쫓는다.
낮에도 나타나는 도깨비
양의 탈의 이리
변절의 박쥐
올빼미
부엉부엉 부엉이떼
훠이훠이 쫓는다.
햇살로 엮어 만든 빗자루
훠이훠이 쳐두들겨
밤의 악령 쫓는다.
죽음과 그 그림자
잿빛 회의
칠흑의 절망 첩첩
밤의 날개 쫓는다.

꽃으로 서서 우는 눈물
신록의 바람과 햇살로 흔들리는 살의 나신
뜨거운 선의 흐름
영혼의 열의 향기

사랑이 그 꿈을
꿈이 승리를
승리가 영원을 보장하는
시
시의 집권
시의 평화
시의 환희
로 활활 타는 너의 속의 시
불멸의 속의 해의
너와 나는 하나
신나라 아 하나의 해
우주 영원 탄다.

강강수월래

올려다보는 달이 하늘에 흔들리고 있다.
강 속을 흐르는 달이 차갑게 흐느끼고 있다.
조그만 바람에도 출렁이는 달빛
조그만 물살에도 산산이 부서져 흐느끼는 달빛
옛날에 옛날에
옥으로 금으로 만든 도끼로 찍어다 지은
계수나무 기둥과 서까래
초가삼간도 헐리고 폐허
영하 200도의 침묵의 잿빛 벌판
달이 우리를 내려다보고 있다.
달이 물속을 흐느껴 가고 있다.
강 강 수월래
한가위 하늘이 저 달의 얼굴
달의 가슴 달의 사랑
눈알이 노란 청년 몇 사람이
무거운 기계의 몸으로 올라가 꽂아 놓은
순결의 상처에 이마 찡그리고
달은
강 강 수월래
옛날을 생각하고 옛날을 잃어버린 사람

고향을 생각하고 고향을 잃어버린 사람
사랑을 생각하고 사랑을 잃어버린 사람
꿈을 생각하고 꿈을 잃어버린 사람들이
올려다보는 것을
내려다보고 있다.
어쩐지 부끄러운 마음의 우리들
부끄러워하는 마음의 저 달빛,
달은 하나인데 우리들 둘의 마음
천의 마음.
마음과 사랑 꿈은 하나인데
저 둘의 달빛 천의 달빛,

강—강 수월래 강 강 수월래
올려다보는 달이 하늘에서
내려다보고 있다.
저마다 우리들
하나씩의 가슴의 달이 흐느끼고 있다.

하지절 夏至節

한나절 산중 첩첩 휘파람새 운다.

햇살 펑펑 쏟아지고,
칡넝쿨, 댕댕이 다래넝쿨, 머루넝쿨 칭칭 감고,

골짜기 푸섶에 떨어진 여름의 시 한 구절,

어려워서 외다 외다 뻐꾹새 그냥 날아가고,
그 휘파람새, 황금새도 와서 읽다 어려워 그냥 날아가고,

전라의 알몸뚱이

해죽해죽 달아나며 유혹하는 너
마구마구 쓰러뜨려 가슴 덮친다.

더덕냄새 박하냄새 암노루냄새 난다.
뭉개지는 젖과 땀, 이글대는 눈의 꿈,

아니, 바람냄새 출렁대는 바닷냄새 난다.
미역냄새 홍합냄새 그 흡반냄새 난다.

몸뚱어리 몸뚱어리
배암 친친 굽이 틀고,

한나절 내 산중 첩첩 꽃비 흥건하다.

팔월의 강

팔월의 강이 손뼉 친다. 팔월의 강이 몸부림친다.
팔월의 강이 고민한다.
팔월의 강이 침잠沈潛한다.

강은 어제의 한숨을, 눈물을, 피 흘림을, 죽음들을 기억한다.

어제의 분노와, 비원과, 배반을 가슴 지닌
배암과 이리의
갈라진 혓바닥과 피묻은 이빨들을 기억한다.

강은 저 은하계 찬란한 태양계의
아득한 이데아를
황금빛 승화昇華를 기억한다.

그 승리를, 도달을, 모두의 성취를 위하여
어제를 오늘에게, 오늘을 내일에게 위탁한다.

강은 팔월의 강은 유유하고 왕성하다.
늠름하게 의지한다. 손뼉을 치며 깃발을 날리며, 오직
망망한 바다를 향해 전진한다.

봄에의 격檄

일어나라.

나무여. 잠자는 산이여. 돌이여. 풀이여. 땅버러지여.
물이여. 웅덩이여. 시내여. 바다여.
이러한 것들의,
죽음이여. 넋이여. 얼이여. 영이여.
이러한 것들끼리의 사무침,
이러한 것들끼리의,
눈물이여. 한숨이여. 피보래여. 반항이여.
불덩어리여.

일어나라.

산에서는 오래 두고 산이래서 사는 것,
입이 붉은 너희,
칡범이여. 개호주여. 살가지여. 곰이여. 여우여.
승냥이여. 오소리여. 멧돼지여.
바보 같은 사슴이여. 노루여. 너구리여. 토끼여.
방정맞은 다람쥐여.
너희들은 또 너희들끼리의,
눈물이여. 피 흘림이여. 잡아먹음, 잡아먹힘이여. 쫓겨 감이여.

달아남이여. 한숨이여. 불덩어리여.
그 중에도 친친한, 어둠 속에 들엎드린,
능구렁이여. 까치독사여. 독이빨이여.

일어나라.

이제야 너희들은 너희들끼리의,
　오래고 억울한 사무침을 위하여, 혓바닥을 위하여, 어금니를 위하여,
　발톱들을 위하여, 핏대들을 위하여, 약탈을, 살육을, 겁탈과 결투,
　승리를, 둔주를, 패배들을 위하여,
　정복을, 추격을, 피 흘림을 위하여,

일어나라.

숲에서는 오래오래 숲이래서 사는 것,
날갯죽질 가진,
멧새여. 할미새여. 무당새여. 꾀꼬리여.
비둘기여. 산제비여. 칼새여. 지미새여.
쟁끼여, 까투리여. 부엉이여. 올빼미여. 독수리여. 매여.

너희들의 입부리, 너희들의 발톱,
　너희들의 깃쭉지의,
　너희들은 또 너희들끼리의,
　사랑이며, 노래며, 보금자리며, 속삭임이며, 따스함이며,
보드라움이며,
　싸움이며, 할큄이며, 피 흘림이며,
　죽임이며, 쫓기임,
　눈물이며, 안도며, 승리며, 또 평화들을 위하여,

　일어나라.

　아, 물에서는 또 물이래서 오래 사는,
　그중에서도 못생기디 못생긴,
　미꾸라지여. 구구락지여. 자가사리여. 개먹자구여. 실뱀장어여.
　모래무지, 징검새우, 물무당이여, 똥방개여, 참방개여. 송사
리떼여.
　너희들의 집단, 너희들의 보람, 너희들의 투쟁,
　너희들의 사상, 너희들의 유전, 너희들의 발광, 너희들의
죽음들을 위하여,
　너희들의 눈물, 너희들의 피, 너희들의 분노와 반항들을
위하여,

일어나라.

땅버러지여.
흙일래 흙 속에서 흙냄 맡고 사는,
지지리도 못생긴, 아, 그중에서도,
개밥뚜기여. 오줌쌔기여. 소금쟁이여. 굼벵이, 지렁이, 쇠똥벌레여.
딱정벌레, 집게벌레, 방구벌레여.
노린챙이, 투구벌레, 지네 새끼여.
이제야 너희들은,
너희들의 보람, 너희들의 쾌적, 너희들의 사랑,
너희들의 투지, 너희들의 혁명, 너희들의 승리들을 위하여,

일어나라.

그리하여,
산에서는 산윗 것, 물에서는 물윗 것, 바다에선 바다윗 것,
흙에서는 흙윗 것이,
이제야 일제히들,
휘날리며 휘날리며 깃발들을 들라.
뿔들을 뻗치라, 이빨을 발톱을, 부리들을 갈라.

목청들을 돋우라. 비약하라. 선전하라, 행진하라. 돌격하라.
합창하라. 노호, 절규,
승리하라. 정복하라. 개선하라. 환호하라.
패배하라. 둔주하라.
진실로, 독에는 독, 칼에는 칼, 피에는 피로,
눈물에는 눈물, 사랑에는 사랑, 포옹에는 포옹으로, 아, 그중에서도,
불이 붙는 사랑에는 불이 붙은 사랑으로,
있고 나고, 나고 죽고, 사랑하기 위하여,
있는 것 일체의,
생명이란 생명의,
산이며 숲, 물이며 바다, 하늘이며 흙 속의, 바람결 속의, 정이며 넋,
얼이며 영들까지,
아, 일체의 있는 것은,
너희들, 스스로를 위하여,
이때에야 진실로,

일어나라.

3월 1일의 하늘

유관순柳寬順 누나로 하여 처음 나는
3월 하늘에 뜨거운 피 무늬가 어려 있음을 알았다.
우리들의 대지에 뜨거운 살과 피가 젖어 있음을 알았다.
우리들의 조국은 우리들의 조국
우리들의 겨레는 우리들의 겨레
우리들의 자유는 우리들의 자유이어야 함을 알았다.

아, 만세, 만세, 만세, 만세. 유관순 누나로 하여 처음 나는
우리들의 가슴 깊이 피 터져 솟아나는,
비로소 끓어오르는 민족의 외침의 용솟음을 알았다.
우리들의 억눌림, 우리들의 비겁을
피로써 뚫고 일어서는,
절규하는 깃발의 뜨거운 몸짓을 알았다.

유관순 누나는 저 오르레안, 짠다르끄의 살아서의 영예
죽어서의 신비도 곁들이지 않은
수수하고 다정한 우리들의 누나,
흰옷 입은 소녀의 불멸의 순수
아, 그 생명혼의 고갱이의 아름다운 불길의
영웅도 신도 공주도 아니었던

그대로의 우리 마음 그대로의 우리 핏줄
일체의 불의와 일체의 악을 치는
민족애의 순수 절정 조국애의 꽃넋이다.

아, 유관순, 누나, 누나, 누나, 누나,
언제나 3월이면 언제나 만세 때면
잦아 있는 우리 피에 용솟음을 일으키는
유관순 우리 누난, 보고 싶은 누나
그 뜨거운 불의 마음 내 마음에 받고 싶고
내 뜨거운 맘 그 맘속에 주고 싶은
유관순 누나로 하여 우리는 처음
저 아득한 3월의 고운 하늘
푸름 속에 펄럭이는 피 깃발의 외침을 알았다.

박두진

연 보

1916(1세) 3월 10일 경기도 안성에서 출생.
본관은 경주慶州이고 호는 혜산兮山.
경성사범학교와 우석대학교 국어국문학과를 졸업했음.

1939(24세) 「향현」「묘지송」「낙엽송」「의蟻」「들국화」로 정지용에 의해 ≪문장≫에 추천.

1946(31세) 조지훈, 박목월 공저 시집 『청록집』(을유문화사) 간행.

1948(33세) 한국청년문학가협회 시분과 위원장, 전국문화단체 총연합회 중앙위원 역임.

1949(34세) 시집 『해』(청만사) 간행. 새로 결성된 한국문학가협회에 가담.

1954(39세) 시집 『오도午禱』(영웅문화사) 간행.

1955(40세) 연세대학교 전임강사.

1956(41세) 아세아자유문학상 수상.

1959(44세) 연세대학교 조교수로 취임 후 이듬해 사임. 이후 대한감리회 신학대학교, 한양대학교 등에 출강.

1960(45세) 시론집 『시와 사랑』(신흥) 간행.

1961(46세) 시집 『거미와 성좌』(대한기독교서회) 간행.

1963(48세) 제12회 서울시문화상 수상. 시집 『인간밀림 人間密林』(일조각) 간행.

1970(55세) 시론집 『한국현대시론』(일조각) 간행. 3.1문화상 예술상 수상.
이화여자대학교 부교수.

1972(57세) 연세대 교수로 취임.

1973(58세) 시집 『고산식물』『사도행전』『수석열전』(일지사) 간행.
시론집 『현대시의 이해와 체험』(일조각) 간행.

1976(61세) 대한민국 예술원상 수상. 시집 『속續·수석열전』(일지사) 간행.

1977(62세) 시집 『야생대』(일조각) 간행.

1981(66세) 연세대 교수직 정년퇴임. 『박두진전집』시부문 전10권(범조사) 간행.
시선집 『예레미아의 노래』(창작과비평사) 간행.
단국대 초빙교수 취임. 시집 『포옹무한』(범조사) 간행.

1982(67세) 시선집 『나 여기 있나이다 주여』(홍성사) 간행.

1983(68세) 시선집 『청록시집』(정음문화사) 간행. 단국대 초빙교수 퇴임.

1986(71세) 추계예술대 전임대우교수 취임.
수상집『돌과의 사랑』(청아) 간행.
수상집『그래도 해는 뜬다』(어문각) 간행.
시선집『일어서는 바다』(문학사상사) 간행.

1987(72세) 시선집 『불사조의 노래』(동국) 간행.

1988(73세) 인촌상 수상.

1989(74세) 지용문학상 수상.

1990(75세) 시집『빙벽氷壁을 깬다』(신원문화사) 간행.

1991(76세) 산문전집『햇살, 햇볕, 햇빛』(대원사) 간행.

1993(88세) 제15회 외솔상 수상.

1998(83세) 청록파의 마지막 생존자로 박목월과 조지훈이 남긴 그 자리를 홀로 지키다가 9월 16일 오후 2시 20분 신촌 세브란스병원에서 별세.

〖한국대표명시선100〗을 펴내며

　한국 현대시 100년의 금자탑은 장엄하다. 오랜 역사와 더불어 꽃피워온 얼·말·글의 새벽을 열었고 외세의 침략으로 역경과 수난 속에서도 모국어의 활화산은 더욱 불길을 뿜어 세계문학 속에 한국시의 참모습을 드러내게 되었다.
　이 나라는 글의 나라였고 이 겨레는 시의 겨레였다. 글로 사직을 지키고 시로 살림하며 노래로 산과 물을 감싸왔다. 오늘 높아져 가는 겨레의 위상과 자존의 바탕에도 모국어의 위대한 용암이 들끓고 있음이다.
　이제 우리는 이 땅의 시인들이 척박한 시대를 피땀으로 경작해온 풍성한 시의 수확을 먼 미래의 자손들에게까지 누리고 살 양식으로 공급하는 곳간을 여는 일에 나서야 할 때임을 깨닫고 서두르는 것이다.
　일찍이 만해는 「님의 침묵」으로 빼앗긴 나라를 되찾고 잃어가는 민족정신을 일으켜 세우는 밑거름으로 삼았으며 그 기룸의 뜻은 높은 뫼로 솟아오르고 너른 바다로 뻗어나가고 있다.
　만해가 시를 최초로 활자화한 것은 옥중시 「무궁화를 심고자」(《개벽》 27호 1922. 9)였다. 만해사상실천선양회는 그 아흔 돌을 맞아 만해의 시정신을 기리는 일의 하나로 '한국대표명시선100'을 펴내게 된 것이다.
　이로써 시인들은 더욱 붓을 가다듬어 후세에 길이 남을 명편들을 낳는 일에 나서게 될 것이고, 이 겨레는 이 크나큰 모국어의 축복을 길이 가슴에 새겨나갈 것이다.

만해사상실천선양회

한국대표명시선100 | 박 두 진

어서 너는 오너라

1판1쇄 발행	2013년 7월 29일
1판2쇄 발행	2019년 11월 9일

지 은 이 박두진
뽑 은 이 만해사상실천선양회
펴 낸 이 이창섭
펴 낸 곳 시인생각
등록번호 제2012-000007호(2012.7.6)
주   소 고양시 일산동구 호수로 688. A-419호
          ㉾10364
전   화 050-5552-2222
팩   스 (031)812-5121
이 메 일 lkb4000@hanmail.net

값 6,000원

ⓒ 박두진, 2013

ISBN 978-89-98047-82-5 03810

* 이 책의 저작권은 저자와 시인생각에 있습니다.
* 잘못된 책은 책을 구입하신 서점에서 교환하여 드립니다.

※ 이 책은 만해사상실천선양회의 지원으로 간행되었습니다.